Oracles
Une collection de 11 poèmes

Translated to French from the English version of 11 Oracles

Anish Kanjilal

Ukiyoto Publishing

All global publishing rights are held by

Ukiyoto Publishing

Published in 2024

Content Copyright © Anish Kanjilal

ISBN 9789360494766

All rights reserved.

No part of this publication may be reproduced, transmitted, or stored in a retrieval system, in any form by any means, electronic, mechanical, photocopying, recording or otherwise, without the prior permission of the publisher.

The moral rights of the author have been asserted.

This book is sold subject to the condition that it shall not by way of trade or otherwise, be lent, resold, hired out or otherwise circulated, without the publisher's prior consent, in any form of binding or cover other than that in which it is published.

www.ukiyoto.com

Dédié à

Ma mère et mon père Arijit Karmakar
Trinayani, Krishav, Sakshi, Sulogna Souvick, Anupom, Indra, Saheb, Ankit,
Proloy
Et à tous mes étudiants
(Artistes) Muskaan, Nandini, Sabar

Préface

Anish Kanjilal, poète, philosophe et mentor, auteur de Fateless 13, écrit 11 hymnes pour prédire un avenir né des entrailles du passé et du présent.

"Notre passé ne marchera pas jusqu'à nos tombes mais restera en arrière comme un jalon autrefois chéri et l'avenir chuchotera qui était là pour rompre le silence".

"Vous aussi, vous passerez ! Efforcez-vous inlassablement..." a dit l'Éveillé avant d'atteindre la moksha, libérant ainsi l'âme du cycle sans fin de la naissance et de la renaissance.

Bien avant la création, l'univers pérenne a sombré dans la destruction et le chaos cosmique a conçu l'espoir de ressusciter la nascence. L'oracle du temps attend impatiemment de prédire à nouveau la ruine de l'univers sans âme ; cependant, l'esprit échappera au temps et à la succession sans fin de la genèse et de l'anéantissement.

Cette série de poèmes en cinq parties apporte l'espoir à l'esprit humain de voir la vérité et la réalité derrière le voile de l'ignorance.

Contenu

Silence (Une satire de la vie)	2
La dernière foi	9
"L'interférence urbaine"	15
L'abattoir (inspiré d'un cauchemar)	20
"Aborder le mois de décembre"	25
"L'éclipse de Méduse"	29
Et Tu Dieu Alors Laisse Tomber Iblis	34
Rouler sur l'illusion	38
L'homme en blanc	41
L'homonyme	44
La lueur est froide et le feu meurt	48

Silence (Une satire de la vie)

Les peurs de la Bête Les prières de Tithonus
et Blanche-Neige dort entourée de sept doutes....

***

Je n'ai pas encore rencontré la mort,

Un jour, moi, cadavre, je me coucherai sur moi-même par pure négligence...

La vie est-elle une pénitence et la mort un repentir ?

Pas de vert, pas de jaune, pas de bleu Mais que du noir ?

Du vert au jaune et à une touche de brun, la feuille se fissure

De la reptation à la marche, de la marche à la course, sans retour en arrière !

Et puis s'évanouir où l'on ne sait ?

Pas de bourrasque pour respirer à mes oreilles Pas d'arbres que j'ai chéris

Plus de montagne à refroidir Plus de moi pour honorer la colline

L'intrusion terminée, quand qui sait ?

***

Lear devra vieillir Pas de Génie d'Aladin pour réchauffer le froid

Le toucher de Midas ne peut faire revivre ce qui était de l'or

***

L'enfance, il suffit de se cacher et de chercher La jeunesse, on ne se cache pas mais on cherche L'âge mûr, la pensée s'inverse, il suffit de vivre pour chercher, puis pour se cacher

puis de se cacher

La vieillesse a peur de se cacher

Ce que nous osons chercher ne sert à rien... Après la vie, on se cache et on ne cherche pas...

rien à chercher...

Affligé par mon innocence impavide, je ne t'avais pas

Enivré par les charmes de la jeunesse, où étais-tu ?

Cet âge, j'ai trouvé un mentor

C'est un stand de tous les soirs avec toi, toi et seulement toi.

***

La brume ceinture le bleu d'un linceul d'obscurité

Le smog, l'enfant adoptif de la cupidité humaine, recouvre le vert.

Mais le bleu reviendrait avec la nature révoltée...

Le vert devient gris - mon destin s'immerge lentement dans mon piscine de désespoir

Dans la pâmoison céleste, je suis inconscient

Le temps me flétrit Je meurs à chaque instant dans mon subconscient

Je veux vomir mon effroi de toutes mes forces

Les vivants meurent, je veux me débarrasser de ce spectacle

Mais hélas ! Inutile d'être un fugitif sur mon chemin pour défier la loi qui guide chaque mortel

Et même si je cours, même si je halète, la seule consolation est celle-ci que la mort est le dernier portail incontournable...

***

Cendrillon a trouvé sa chaussure et a sauvé sa journée,

La chansonnette du joueur de flûte a emporté les enfants et a fait payer Hamelin.

***

Le printemps rajeunit, l'été bat, l'automne dépérit et l'hiver entoure de couronnes la commémoration de la mort - consolation ou compensation ?

La vie vaincue - la mort glorieuse...

Cela vaut-il la peine d'être mentionné ?

Je porte ma vanité comme un arbre porte une liane

Ceux qui déshonorent le temps, pour eux mon élégie fatale ne sera qu'un cryptogramme.

Sur les rivages sablonneux et sur les collines venteuses

Mon ombre dévorée par les vagues et les nuages

Sur l'épitaphe finale, je grave mon humeur,

J'ai composé ce chant du mieux que j'ai pu

Ne verrai-je pas ce que je vois maintenant ? Ne porterai-je pas la récompense de ce que je laboure ?

Ne reviendrai-je pas et ne me clonerai-je pas ?

Et être ensemble comme maintenant avec toi-même ?

La vie ridiculisée et je connais la réponse La mort mon maître et je m'étiole

sur son fil, comme un danseur de marionnettes...

***

On dit qu'Alice avait été au pays des merveilles

La vie est un conte de fées, elle apparaît impuissante sans baguette magique...

***

Qui suis-je ?

un athée, un séraphique, un agnostique ou quelqu'un qui a une peur atavique de la Providence...

peur atavique de la Providence...

Je vis dans un séjour au milieu d'une transe qui sera tôt ou tard ajournée et tranquillisée par la mort...

Ma science s'oppose à ma religion Une fois le cerveau mort, pas de souvenir

Si cette loi était bafouée

j'aurais su ce que j'étais avant d'être ressuscité dans cette... et ce qu'il y aura après quand je perdrai

mon sens.

Mais le mythe affirme qu'il existe

Il existe une rivière nommée Léthé, un bassin d'oubli et même Dieu ressuscite à intervalles réguliers,

la notion est démagogique et mes pensées, un caméléon...

***

Le dernier voyage

***

Les averses galopent sur mon reflet Une brume sur l'argent

Réveillez Blanche-Neige pour voir Lear vieillir,

Réveillez Tithonus et soyez audacieux

Car ce qui est chaud aujourd'hui sera barbouillé par le froid...

Qu'est-ce que je n'ai pas trouvé au séminaire ?

Qu'est-ce que Cendrillon pour moi ?

Qu'est-ce qui est allé et venu avec le joueur de flûte et a été brûlé comme un cadavre dans la flamme de la lampe magique ?

flamme de la lampe magique,

dans laquelle vit le Génie d'Aladin ?

"Le silence redéfini dans la dénomination de la tombe !

Soyez courageux ! Être courageux ? Be Brave...

***

L'obscurité énigmatique éclairée de temps à autre par des éclairs flamboyants

La mer qui gonfle et les marées qui montent Le vent calypsonien qui chante le chant funèbre

Dans une chambre métallique martelée par Thor Sur une promenade de sommeil ce que la vie abhorre

Nageant on ne sait où ? Quel mode !

Sommeil, arrêt ou redémarrage...

Mais qui enregistrera le code ?

Des bébés qui rampent et qui crient fort Les vieux méprisent, les jeunes sont fiers

Portant l'obscurité comme un linceul Traîné vers le berceau fait de nuages Enfin, l'obturateur se ferme pour capturer la dernière empreinte

Mais jusqu'à ce que vous receviez un indice, l'esprit dur... l'esprit dur... l'esprit dur....

Ne fermez pas les yeux...

***

La dernière foi

Les trois moignons de bois - l'espoir flottant de l'humanité sur une mer en crue.

Au-dessus, les vautours planent en attendant de se nourrir de la carcasse de l'orgueil humain

Les palétuviers tremblent, les sapins et les épicéas échangent leurs condoléances

mais le destin a voulu qu'ils se conduisent l'un l'autre à l'anéantissement Mon poème "Une arche de Noé".

un refuge pour celui qui offre son obéissance prosternée au vert laissé pour compte

***

La foi perdue dans le "monde personnifié".

Ou la dernière foi dans la prière védique qui sermonne de s'abriter dans le "Daru".

Une pensée déchirée et éclatée

Comme quelqu'un qui s'accroche à l'horizon, soit plongé dans l'obscurité, soit repêché dans la lumière Comme quelqu'un qui décide

soit de courir dans la zone de frappe et de défendre les souches

Ou de s'enfuir et d'être repoussé Finalement, le miroir d'appréhension réfléchit Soit de récupérer ce qui est perdu

ou de croire en ce qui va durer.

***

Croire en son blanc - toi l'Univers phénoménal Croire en son noir - toi l'Univers phénoménal

Le vide

S'en remettre à ton rouge - toi la Passion enguirlandée

Portant un brun de vert, contemplant la créativité - je préserve mon empressement dans ton bleu.

mon impatience dans ton bleu Montre-moi, guide-moi, fais de moi

un primitif tribal pour t'adorer avec confiance Conduis-moi mon bois toi "Sauveur

des âmes déchues".

Nous aussi décidons de préserver ton éternité et d'enlever le métier à tisser qui hante les hommes

Le Néron du nouveau monde, le père de Nino

qui a été préparé pour être le Frankenstein

découvre maintenant que son descendant mène une mutinerie contre le géniteur lui-même.

Les murs d'Apollon s'écroulent, la justice divine tragique s'abat sur les mortels qui ont été trop ambitieux pour être les Titans.

Poséidon se lève...

Il n'y a plus de Léonidas pour désamorcer Nino aux portes de l'enfer.

Ce n'est qu'en idolâtrant le bois si indestructible que l'on peut atteindre la suprématie.

Ce n'est qu'en comprenant la rotation du disque qui souligne le changement de temps que l'on peut

aider l'esprit

à se détacher de la matière

Celui qui n'a pas de mains et de pieds matériels mais des sens transcendants

Celui qui se tient debout sur l'oubli
Celui dont les yeux ronds éclairent l'obscurité du Styx

Celui qui anime l'enracinement profond,
La montée des escaliers aériens pour embrasser la lumière du soleil
L'extension des branches pour offrir de l'ombre
L'octroi des fruits et des fleurs - tout cela par toi-même.
Inspire l'humanité à être désintéressée

Pour que le bois puisse "pahandi" laisser sa racine partout.

***

Le sel blanc argenté du désert rampant,
exhale maintenant la chaleur

La faim et la soif, main dans la main, rampent sous les dunes de sable pour être transportées partout.

L'holocauste dans le ventre de la cupidité attend la fonte des glaces

Et la famine murmure : "Des terres, des terres partout, sans rien".
Vert à voir

Comme les pagodes d'Hérode, les temples s'effondreront, la foi étant factice,
L'église sera ruinée, sans confessions à faire

et la mosquée n'aura personne pour dire "pour l'amour de Dieu".

Tout cela arrive quand nous vivons juste pour prendre...
***

Chaque fois que je monte les vingt-deux marches, en chantant la chanson du
saint ermite,
je redécouvre le divin - comment l'homme se mêle à la nature
et j'attends le jour où un cataclysme réunira
toutes les religions dans la citadelle de bois.

Pour goûter le fruit oublié de la Nourriture spirituelle,
qui naîtra de ces souches de bois.

Mon Seigneur, ce jour-là, ce poète reposera paisiblement sous
le saint linceul de votre capuchon.
***

Le destin dans la main de l'homme

Le passé glisse dans la terre des marins L'avenir germera du sable stérile
sable stérile.

Ils fuiront les terres de feu, Ils marcheront dans la crainte de l'endroit où brûle le bûcher,
Ils seront conduits par les Moïse de leur temps Ils suivront la lointaine sonnerie du carillon

Vers Babylone où les bois sont encore sombres et profonds.

Un havre de paix pour les moutons innocents

Au pays du soleil de minuit et de l'alouette où les couleurs déjeunent en grignotant l'obscurité.

Les hommes font la queue au bord de la verdure pour que les reclus rendent à la nature les "souches de bois".

Un refuge sûr et à ne pas perdre

La restauration finale de la dernière foi - un rejeton de Mon humeur...

***

"L'interférence urbaine"

Ding Dong, la cloche !

Les invités sont venus habiter qui les a laissés entrer ?

Les pauvres qui ne pouvaient pas être méchants...

***

La ville sabote et chuchote à l'oreille des parents des montagnes : "La cupidité est un prodige, vénérez-la". Matériel autour, nourrissez vos besoins, la technologie est le cordon, plantez sa graine.

Imitez-nous et vous serez les seuls à pouvoir diriger.

Le rural manipulé,

La vérité déformée et fabriquée, la communication une malédiction et un mécanisme, une infection - tragiquement mal interprétée Maintenant il y aura de la fumée et ensuite il y aura du feu

Hier, ce qui leur appartenait a été mis en location

Ce qui était immaculé dans le passé,

Ce qui était vierge et était considéré comme résistant au dernier moment.

Aujourd'hui, il est secoué, incliné et carbonisé, il est devenu une station balnéaire de béton,

Juste du carbone et du plastique...

La verdure dévastée, la grâce évacuée de la tranquillité - ils ne parviennent pas à évaluer, le lavage de cerveau rustique...

L'ulcère des feuilles,

qui attendent d'être traînées jusqu'à la potence et d'être pendues...

La rivière, qui a maintenant l'air maigre et souillée, rugit pour être entendue.

Les pierres et les rochers explosés, glissent vers le bas comme mutilés et baveux.

Partout la nature volée à la merci du progrès,

Ainsi, les feuilles tombent, l'avidité appelle,

Et la ville se dresse pour presser l'innocence, L'argent compte, l'éthique reste dans l'ombre.

Le destin s'amuse de voir comment le "récent" naît de la perte progressive du sens.

Alors que loin au-delà du nuage qui s'élève,

- qui est à la fois un rideau et un linceul,

En regardant à travers, on verrait les verts qui ont fait la queue, tremblant en attendant,

Sachant que leur tour viendra.

Quelque part, une fumée monte au firmament Nous aussi nous montons, nous aussi nous sentons, la saleté qui s'échappe des cadavres de feuilles sèches Rassemblées dans une séquence avec un outil folklorique.

avec un outil folklorique

La pastorale a été livrée au feu

Feuilles et valeurs ancestrales incinérées sur leur bûcher

Combien d'entre nous savent que lorsque l'averse cesse, les arbres pleurent,

Lorsque le marteau urbain s'abat sur les veines et les artères de l'Eden pour ouvrir de nouvelles voies, les arbres pleurent.

Ou que le grillon chante la chanson des funérailles pour le bosquet qui meurt impuissant...

***

Voir scier en haut et en bas

Quel est le chemin qui mène à la ville rurale ? Quelques pieds en haut et quelques pieds en bas, le chemin pour atteindre le vide ; où la touffe a été fauchée.

***

Ils viennent à cheval sur la voie large

pour construire le ghat crématoire de la Dame, La cupidité gargantuesque en redemande.

Le poète à six bouches, dépourvu de créativité, attend patiemment la lame du destin,

pour arracher sa précocité à sa corporalité.

Tandis que le passé doré s'argente et se noie dans le rétroviseur, les arbres qui s'inclinent et les routes qui se courbent parlent de reddition et de soumission,

parlent de reddition et de soumission, la mouche sylvestre s'envole et disparaît,

jusqu'à ce que ses ailes ambitieuses soient découvertes gisant, éparpillées sur un sol poussiéreux, comme si elle avait subi une fission.

Quelque part Shanghai tombe Quelque part New York appelle Quelque part les diplomates se disputent

Ici, ma poésie crucifiée saigne et vous tous LOL... Au loin, une demoiselle arcadienne

Prophétise en jouant avec les billes

"Il est maintenant temps pour le vieux Bouddha endormi de sortir de son sommeil

De fondre et de ramper pour engloutir le fumbler".

Tandis que moi et toi dans un rond-point, Et que quelque part s'ouvre un nouveau trou noir

Une nouvelle terre à détruire - un but civil néotérique !

***

Le pont agraire s'écroule, s'effondre, s'amenuise, Le pont de Londres s'écroule, Et nous sommes tous enivrés !

*** Euphorie

Nous deux, d'abord en train de nous débarrasser

et plongeant finalement dans un paysage fluvial bien peint... Une tentative d'évasion,

pour trouver le danseur cosmique qui se liquéfie et prend une forme frénétique,

Nous nous noyons tous les deux dans le confluent de la dichotomie, dans un cocon qui modifie notre anatomie.

Puis votre utérus subit une incision,

Il se déchire et vous montrez le spectacle qui flotte.

Un ensemble de serpents, de lépidoptères et la dernière constellation du zodiaque.

***

"Ring a - ring o' roses, Une transmutation en cours,

L'interférence urbaine engendre un abcès, Hush - ha ! Bush - ha !

Et nous tombons tous"

***

L'abattoir (inspiré d'un cauchemar)

Sous l'effroyable dais de la nuit, d'où s'écoulent les ténèbres, ombre après ombre, se dresse la tour du silence.

Se dresse la tour du silence Autour de l'anneau extérieur de laquelle sommeille la chair

Attendant les têtes chauves qui pourraient piocher dans leur régime de charogne Régurgiter et s'envoler.

***

Sous la lune gelée, autour de laquelle s'enroule la brume, les pierres bleues de la cérémonie sont contemplées Et les fumées de l'encens s'élèvent en anneaux.

De loin en loin murmurent les hymnes chantés par les Mongols.

***

Sous les nuages qui froncent la terre

Les anges qui altèrent le mal dans la nuit. Les "Rogyapas" badinent et bavardent

Aident l'âme à quitter le plan incertain, entre la vie et la mort.

Tandis que les faucons se nourrissent de "Tsampa" et que les yaks s'éloignent vers la liberté...

***

Il faut se rappeler

"Dans la vie, couvrez vos parties intimes, dans la mort, votre visage.

Car dans l'autre monde, tout sera dévoilé" ....

***

Juste en dessous du bouclier de l'obscurité, une falaise escarpée s'incline

couronnée d'un boscage varié protégeant le feu

qui jaillit d'un bûcher.

En bas de la colline escarpée

s'étend une caverne qui baille sans cesse, la mâchoire ouverte.

Attendant et accueillant ceux qui ont un appétit de chair et de sang. En suivant la piste des fourmis, les coupables se faufilent.

La seule différence est que les lieux ont changé, les rôles inversés,

Comme la victime d'hier, le bourreau d'aujourd'hui, les proies du passé jouent le rôle de décideur.

Des stalactites attachées la tête en bas

pendent des cadavres d'hommes qui ont subi des spasmes cadavériques, Alors qu'ils étaient martelés, taillés, ciselés et dagués et transformés en parfaits comestibles,

Des hommes qui ont gémi avant de mourir,

Mais maintenant distendus et réduits au silence comme l'étoile l'avait été avant la vie.

Livor mortis Rigor mortis Peu importe, glissement de peau Asticot, méthane Serait un plateau.

Le sang coule, inonde le sol L'intestin rempli de caca traîné avec force gît, éparpillé près de la porte.

Une satire macabre pour les vertébrés charognards Un autre jour à nourrir.

Bien que le sol soit taché, sinistre et froid, tout le monde a de la nourriture et tout est vendu.

est vendu.

Sur des étagères en pierre reposent, plongés dans l'éthanol, quelques bébés humains frais,

Alors que quelques uns avec des marques de coups, la peau déchirée, des têtes coupées avec des bouches sirotant des fluides

se tiennent prêts à être dévorés.

L'odeur nauséabonde du sulfure d'hydrogène plane sur le monde plutonien

avec des insectes qui pondent leurs oeufs sur le nid humain.

de cadavres en décomposition que la faim a attirés.

Ceintures de cuir, portefeuilles tannés, c'est tout ce qui compte

Foie et reins Perruques et vestes

les demi-lieux s'éparpillent

Maintenant les animaux sociaux sacrifiés pour apaiser le Testament

Mais ce qui est juste, c'est que le verdict a changé.

Maintenant les rites de Taurobolium bien accomplis pour gratifier Avesta, bien que la plate-forme perforée soit la même, mais le Minotaure

est serré.

Les livres de Moïse, bien que suivis mot à mot

Bien que l'Exode et la Genèse guident le chemin,

Mais c'est l'homme qui est mis sur la guillotine et la justice a son jour.

***

L'annexe

***

Pris dans un poulailler, moi et beaucoup d'autres attendons notre tour

Broyés par la peur, barbouillés d'excréments, tremblant d'être mélangés dans une baratte.

Sauter à cloche-pied ne nous sauvera pas Se serrer les coudes n'aidera pas la masse.

Quelqu'un hurle son dernier cri, il est à l'agonie, il n'y a pas de prière, il n'y a que des soupirs.

La légende des Maoris s'avère être vraie Avec notre chair en équilibre sur la poutre

Sans personne à poursuivre Pendant que les murs de la caverne

Les murs de la caverne, peints de couleurs, résonnent comme des échos, sans pitié, car la vengeance est due...

LA "FÊTE DU SACRIFICE".. ;

Est encore à l'essai "CORRIDA DE TOROS" ;

Répondre aux pétitions déposées par GADHIMAI et YULIN

Frères dans la main

Le monde sera meilleur une fois que vous serez bannis'.

"Aborder le mois de décembre"

Juin éblouit la terre et déchire le ciel

Le gris plane comme une menace, dépouillant la vérité enrobée de mensonge.

Le dernier nuage fait ses adieux

au soleil tombant qui fond à l'horizon

Chatouillant l'automne pour ouvrir la voie à décembre qui glissera comme le givre sur la lame d'un matin.

***

décembre décembre tu dois te rappeler

Que Jeunesse et Rides vont de pair L'un regarde l'horloge, l'autre exhibe sa fierté

Que sur les perles de la mort, la vie dit sa prière

Sur l'épitaphe de la tombe, quelqu'un inscrit la peur

Que juin a écrit à Selep une berceuse pour décembre

Et que l'automne comptait les jours sans sommeil du calendrier.

***

Décembre Décembre Souviens-toi Souviens-toi

De caresser le vert, arrosé par juin, et d'être révérencieux envers le céleste, ce qui avait ruisselé de la lune.

Pour protéger et préserver la vie sous ton blanc

et d'aider les plus faibles, car c'est ce qui nourrit la force de l'homme.
Décembre Décembre Rappelle-toi à jamais
Que tu ne seras pas un culte, mais de l'argile.
Qu'il faut plonger dans la nuit pour en ressortir comme le jour

Pour que les préjugés ne t'étriquent pas et ne flétrissent pas tes choix.

Harmonise donc le monde et représente les voix

Tiens le chaos à l'écart
Être au sommet du monde, mais ne jamais se cacher
***

"Autumn's December" (Prélude à l'épilogue)
***

Les feuilles sèches grattent le sein de la terre

Les pétales sautillent, attachés à la bourrasque

Les branches nues et sèches, où pendait le vert, hochent la tête
et se poussent l'une l'autre
La forêt frissonne et chante, le cantique - et les bonnes affaires pour décembre.

"Décembre Décembre Se souvenir de juin Se souvenir d'octobre
***

L'épilogue :

Juin voit l'arc-en-ciel L'automne attend la pluie

Décembre a besoin de comprendre, "Pas de travail, pas de gain".

Juin chante le tonnerre, Octobre la douleur

Janvier, dans le ventre de décembre, s'élèvera un jour vers la gloire.

"L'éclipse de Méduse"

La pleine lune :

***

La nuit nocturne projette son ombre L'olive se dresse en s'adressant à sa Chasteté, déglamourisant la source saumâtre qui s'est levée de l'Acropole.

source saumâtre qui s'est réveillée sur l'Acropole.

Sur l'Acropole, au-dessus d'Athènes, se dresse le Parthénon, qui brille sous Diane.

Les colonnes blanches sont un gage de pureté et d'invulnérabilité.

À l'intérieur, sur un piédestal, se trouve Athéna, moulée et décorée avec la touche de Midas.

Un défilé d'athlètes - bardes, artisans, prêtresses et vierges - gravit la colline en rampant

avec leurs offrandes.

La plupart d'entre eux sont maintenant attirés par la superbe gorgone qu'est Méduse.

Sa vanité déclenche l'envie de la déesse, un fidèle dévot vole la vedette et dérobe Athéna.

le spectacle et prive Athéna de sa supériorité

de sa supériorité - c'est la belle Méduse aux cheveux soyeux.

***

La pleine lune s'éloigne lentement de la terre et s'enfonce dans son ombre,

Les colonnes sont maintenant tachées de suie,

Le vent s'arrête un moment et

la chouette bien perchée hulule trop souvent.

Quelqu'un sabote pour reconstituer sa vengeance.

La terre en rêverie

se couvre de nuages sombres Tandis que le reflet de Méduse se transforme en celui du jeune Narcisse

du jeune Narcisse Beauté et amour de soi se mêlent sur le miroir comme de l'eau,

Jusqu'à ce que les grandes marées perturbent tout Jusqu'à ce que l'océan se lève pour embrasser le firmament et se nourrisse de la terre

pour assouvir sa soif de luxure.

Les secousses ébranlèrent le rivage Tandis qu'Égée inondait et pavait son chemin jusqu'au Parthénon où se trouvait Méduse.

vers le Parthénon où Méduse priait.

L'éclipse :

***

L'inondation remplit les fosses, La fièvre du tremblement de terre m'arrache à mon innocence.

Les sabots des chevaux galopent sur moi, m'arrachant à ma chasteté.

Le mugissement du taureau La poussée du trident

tandis que Neptune s'enfuit avec son butin.

Et ma foi olympienne se noie avec le Titanic.

Quelque part dans le ciel, Héra se lamente, suspendue aux étoiles, rappelant à la terre comment Zeus l'a violée.

Tandis que l'hiver revient raconter à la terre comment Perséphone

a été bluffée, enlevée et spoliée par Hadès dans le monde plutonien.

le monde plutonien.

Les répétitions menstruelles s'opposent à la loi de la nature.

Crucifixion de Déméter, Despoina et Soteria.

Tandis que l'ébranleur de terre lubrique, le Jupiter déguisé et l'Orcus invisible continuent de molester la Charte.

Et la Déesse n'est qu'une spectatrice debout qui sauve ses héros archéens.

Ma puberté avortée Ma chasteté vendue aux enchères

Ma grossesse un patriarche Et ma maternité castrée

--- Je suis votre Méduse

***

A l'intérieur de l'éclipse :

***

Maintenant je suis maudite car ils m'appellent venimeuse.

Exilée et mise à l'écart de l'humanité, car je peux engourdir et pétrifier.

Je suis l'accusée car le monde pense que ma beauté était trop grande pour être blâmée,

Je suis la coupable car les libidos sont les juges.

Je marche dans l'ombre en tenant la main de l'isolement alors qu'ils

ont barbouillé mon visage d'acide

Je suis la Mort aux yeux surdimensionnés, à la langue proéminente et à la peau ridée,

Les guêpes dansent sur moi, car est-ce mon péché ?

J'ai le regard qui peut tuer Les prétendants se figent comme s'ils étaient de pierre.

comme s'ils étaient de pierre.

Jadis née avec grâce, aujourd'hui abandonnée à son sort En attendant Persée en qui

l'ambition a grandi.

Au-delà de l'éclipse :

***

C'est le soir, c'est aphotique,

Le ciel s'est mêlé à l'océan.

Les nuages sont morts sur le rivage, la lumière vacille dans l'obscurité et Méduse, dans son isolement, est entourée de préjugés - jugée, poursuivie et condamnée.

La lumière vacille dans la pénombre et Méduse, dans son isolement, est entourée de préjugés - jugée, poursuivie et condamnée.

Elle ne peut ni reposer en paix, ni vivre une vie sans crainte. Elle ne peut que contempler son reflet et se tenir debout.

Enfin, il se trouve que c'est la nuit de la douche d'or,

quand son esprit s'élèverait comme Pégase.

Et son âme se transformera en constellation,

car elle s'élèverait au-dessus de l'océan et existerait

dans l'empyrée céleste Comme un rappel de l'injustice Comme un défenseur du bien

Comme une armure contre tout ce qui est néfaste

Elle est l'élégie de Persée, elle est épique,

......Elle est Méduse.

Et Tu Dieu Alors Laisse Tomber Iblis

Telle une comète, balafrant le visage du ciel, brisant la lune en deux,
éblouissant vers le bas... autrefois un ange, maintenant le diable
Défiant Dieu Dépréciant la justice, s'il y en a une
dans l'humanité
Je suis l'ange de Diabolus, le rebelle de Dieu Descendez au purgatoire,
Connu sous le nom de terre...

***

Je ne me suis jamais prosterné devant Adam, mais je lui ai laissé l'interdit,
Jamais je ne t'ai soudoyé avec une certaine parcimonie, cachée au fond de mon cœur.

Souviens-toi que je ne me suis abaissé qu'à toi,
Pas de second Dieu. Pas de persécuteur. Pas même à mon reflet.
Et Toi, tu n'as pas conscience que l'homme est comme un cheval, dont le cavalier est soit Dieu,
ou le diable comme cavalier...

As-tu existé sans moi ?
Pourquoi ne comprends-tu pas que
que le dualisme est biaisé et que l'existence n'est possible que dans l'unité.

Judas et Jésus n'ont-ils pas habité la même demeure ?

Car les uns sont les instruments de la miséricorde de Dieu et les autres de sa colère.

***

Je suis né du feu et il est né de l'argile,

Et j'ai fini par purifier l'argile, d'après ce que l'on dit.

Pourtant, la pitié de la pitié ne tombe pas en pluie et ne se mélange pas avec mon...

Car je ne suis pas une incarnation, je ne suis pas une vertu,

Je ne suis pas un propagandiste et je ne simule pas mes pleurs.

Tu dirais que les allégations sont nombreuses : J'étais avec Gog et Magog,

pour faire la guerre à la justice.

J'ai traîné ton Fils dans le désert et j'ai tenté de l'asservir dans un piège

Je suis la cause de tous les maux,

Je suis le seul alibi, pour ta Création Suprême, pour se défendre dans chaque mensonge.

Mon Seigneur, l'homme n'a jamais été ta création suprême, car l'homme se livre au péché,

Ils se livrent à la haine et à la guerre, ils sont les destructeurs de leur propre famille.

Oh ! Mon Seigneur, j'ai vu la mousson rouler sur ton menton,

J'ai vu le rude hiver se mêler lentement au printemps.

Pas de regret, mon Seigneur, d'être jeté dans l'étang de feu,

Aucun regret, mon Seigneur, d'être emprisonné à une époque infinie.

Mais mon Seigneur, vous avez des raisons

de regretter, car dans la création de l'humanité, se trouve ton péché,

Mon Seigneur, votre péché.

***

L'épigramme

Je suis Iblis dans l'Islam pour être lapidé souvent et maintenant,

Je suis le démon de la Bible qu'il faut esquiver et noyer,

Et étonnamment, je suis la raison du djihad que vous menez tous les deux.

Quelque part, quelqu'un joue la sympathie pour le diable,

Sonate de violon en sol mineur, fredonne "le trille du diable"...

Au fond de l'abîme, quelqu'un, Tommy, échange son âme contre le Blues...

Quelque part dans le Paradis perdu, quelque part dans un enfer,

Je suis Dante, Milton et toi.

La Rhapsodie

Dans la tragédie de Dieu et la comédie de l'homme, Méphistophélès pète,

Quelque part au loin, dans une guerre, Adam lance des fléchettes.

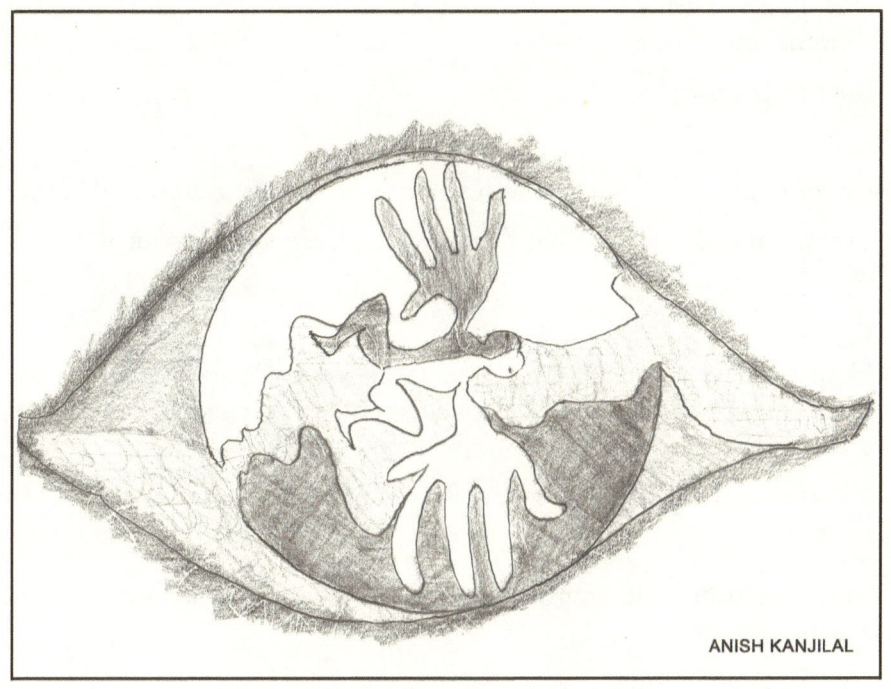
ANISH KANJILAL

Rouler sur l'illusion

Une larme d'arbre après l'averse, Se dépose sur un brin d'herbe, Comme une goutte de rosée

Loin de la masse.

Un autre grain de poussière après la rafale, Glisse sur un brin d'herbe,

Comme une goutte fondue d'une neige glacée Glissant sur un passé tremblant.

L'esprit en quarantaine dans une tranchée civile, la contamination fétide dans la douleur de l'accouchement... Les villes et les villages continuent de tomber.

L'humanité s'efforce de négocier avec l'appel du destin...

Sanglots du présent, gémissements de l'avenir Au milieu des fumées, chacun s'échappe.

Heureux dans la muse,

Heureux de chevaucher l'illusion...

Sur une toile d'anticipation,

on griffonne ce qui n'est pas une tromperie

Comme les vents brisés Et les nuages vagabonds

Comme les larmes séparées Et la foule sans lien

Je fends l'eau impure Et la poussière de sa pléthore aussi

Comme les feuilles brunes Et l'éther du ciel

Comme les espoirs désespérés et les sans-abris qui volent

La nature se sépare de la folie Et il n'y a pas de jour sans compromis

La civilisation a la fièvre, la toux et le rhume Les fourmis chargées font la queue, une tradition trop vieille

La claustrophobie, une couverture pour tous La nature a un nouveau maître, les humains sont des poupées

Les bébés naissent sur le lit de Microbe L'avidité se nourrit d'ambition, les bûchers attendent

Loin sur le dos de la Latitude La Longitude dort, loin du rack

La mort dans la danse La vie en transe
Catastrophe catastrophe, partout où les dieux regardent...

Juin à cheval Illusions, vagues et averses L'anniversaire attend sous une tonnelle

En regardant au loin un monticule solitaire Sous lequel un jour sans bruit

L'homme en blanc

L'obscurité se brise et une tache de lumière Habillée de nuages couverts de brouillard, Là-bas, sur le rivage, tu es un homme en blanc.

Des fourmis blanches s'étalent sur ta poitrine saumâtre L'écume blanche se répand sur ton visage,

Yonder the white, Welkin a canopy,

Un homme qui rampe mais ne démissionne jamais d'une course....

Chœur

Regarde Apollon et contemple la situation, Ta lumière, toi et lui.
L'homme en blanc.

***

Le ciel se déchire et l'on voit au loin, Vêtu d'automne, couvert de froid, Là-bas à l'horizon - toi, un homme en blanc.

C'est l'hiver sur tes branches, le gel sur tes pieds...

La neige sur ta tête, les glaçons sur tes joues, mais toujours ta rage de sortir de la fosse...

Chœur
Regarde Apollon et contemple la détresse

Ta lumière, toi et lui. tout un

homme en blanc

Epilogue et Oracle
        ***

Couleurs du monde, abjure ton orgueil

N'oublie jamais que tu es sorti du blanc, D'ailleurs souviens-toi, ce que le miroir
Reflète aujourd'hui demain est un
un homme en blanc.

L'homonyme

L'érosion d'un jour entier : le matin, le midi, le soir et la nuit profonde et sombre,

L'invocation intemporelle de la Bodhi maternelle et son diurne ininterrompu.

Tantôt tout antique et sans âge, tantôt au milieu de l'adolescence, tout nouveau et naïf,
un pouls barbouillé de vermillon, un pouls taché de bois de santal,
un pouls qui hésite à franchir le seuil en symphonie avec les conques...

Et moi, un épilogue à tout ce qui a commencé par son prélude,
Moi, une réalité adulte enveloppée dans sa silhouette.

Nous deux entrelacés à la racine,
Nous deux entrelacés sous les feuilles, nous couvrant comme d'une capuche...

Notre existence dans le bruissement des feuilles Quand l'hiver triomphe et que l'automne cède,
Notre accomplissement dans l'incarnation de soi,

Quand le printemps est la renaissance et l'été la douleur

***

Et puis soudain un brouillard,

Un rideau impénétrable d'épaisseur Et puis cache-cache,

Une nouvelle découverte, l'attraction et la répulsion Un essai et une erreur pour émerger

d'une vieille ombre...

Puis la rencontre avec la vérité, la compréhension que tout est migratoire, sauf la nature pérenne,

la maternité et la vérité éternelle....

Ô mère, j'ai été distraite, égarée et laissée prise dans l'inventaire

et la cacophonie,

Ma réalité s'est altérée et je me suis enfoncé dans un labyrinthe de laideur...

Je me suis rendu compte que mes jours d'antan, encore

dans le berceau de l'innocence et mon présent sans gouvernail.

Ma folie s'est démantelée dans son ventre et au cœur de mon âme,

j'assiste à la naissance du salut,

Mon esprit s'élève, s'envole loin de toutes les illusions.

Toutes les hallucinations s'évaporent de mon esprit, tandis que je saisis une liberté jamais connue dans un vide intemporel...

Je constate que mon esprit est redéployé...

Je me rends compte que je suis la divinité, aussi insondable que la maternité,

Je suis une certitude parmi toutes celles qui sont mal interprétées.

Je suis connaissance, je suis pensée, je suis liberté,

Je suis le jour, je suis la nuit et je suis l'infini jamais conquis...

***

Les âges d'après :

Des tonnerres lointains, le battement de cœur des nuages,

L'obscurité du nord-ouest terrorise, tout dans les utérus, puis il s'ouvre et déracine la maternité et la vérité.

et déracine la maternité et la vérité

- Thou Bodhi

Une chronique vivante de l'endurance

dans les menstruations, les douleurs de l'accouchement et la ménopause

Maintenant il pleut sur les cendres, Toi la mère ressuscitée et née et alors,

Je vois une voie médiane Dans la contemplation profonde, Avec Animesh lochan

Le besoin d'apaiser le retour à la maison est futile, j'attends le crépuscule et l'acquittement final...

l'acquittement final...

NANDINI KEDIA

La lueur est froide et le feu meurt

L'ombre engloutit la lumière et le froid la chaleur,

L'océan mange la terre et les propriétaires terriens mangent la viande, et cela continue.

***

Au cœur de la forêt sombre et profonde, sur le socle d'un sol de fougères, enveloppé de brume,

Une caverne solitaire et édentée attend dans la vieillesse...

Lassée parfois par un torrent, Qui se nourrit de charges de terre... Une étrange rafale gonfle les herbes

et puis une secousse soudaine, un tremblement,

Les pierres s'effritent et tombent sur le toit de la cavité... et l'on s'effondre en ouvrant un fossile...

***

Une mousson figée dans le temps, du bois trempé par la pluie... une bouffée s'élève

Un soir sombre et léthargique, une journée qui se prolonge Temps idéal pour que les paillettes scintillent sur le chemin

Bleu, vert, jaune et rouge, un bail avec un arc-en-ciel.

Le langage de la lumière, le mode de l'amour, Une danse à la vie... une symphonie bien tissée...

Parmi les scintillements... une luciole nourrie au miel, charmée par une seule pulsation lente,

Un ensemble de flèches séduisantes de Cupidon

- Un Photuris déguisé,

L'imitateur trompe et complote et le naïf chargé d'amour

répond à l'appel....

Mais le don du maître chimiste lui sauve la mise.

***

Il s'en est fallu de peu, se dit la luciole, pour que cela ne se reproduise jamais, se résout le timide.

Et puis une drôle de rafale, soudain, souffle sur les herbes Soulève la mouche

Et l'enfonce dans le creux édenté... La luciole se réveille de sa transe,

éblouie, haletante devant une autre voie lactée, une autre danse scintillante.

Parmi tous ceux qui scintillaient, il y en avait un qui portait une robe bleue.

Pulsant et palpitant - un ver luisant...

Bientôt, l'éclair d'amour frappa la luciole, pour l'impressionner ; la Grande Ourse

tente une manœuvre en hameçon, glisse dans le vide Un plongeon acrobatique,

Rotation, écrémage et glissement.

Lucibufagins une boîte de chocolats,

Un cadeau unique et le ver luisant devient écarlate...

Orné de crachats, il construit une échelle de bave,

la luciole répond et est enveloppée dans une bobine.

Le rideau se ferme, la danse est terminée,

La luciole oscille et le ver luisant bave.

***

Fossilisé dans le temps, un avis de décès a été rédigé. Dévoré et dévoré, fin de l'amour...

La rafale a pourri et le cosmos est un reflet Le sommeil est un répit et la myriade une tromperie.

Une demi-lune attend d'être disséquée... car il y aura d'autres résections.

Le silence poignarde le son et tout est muet Chaque romance n'est pas toujours mignonne

La lueur s'intensifie et le feu s'éteint dans la suie

La mouche qui s'accroche à un ver pour la vie est une drôle de piqûre".

www.ingramcontent.com/pod-product-compliance
Lightning Source LLC
LaVergne TN
LVHW041553070526
838199LV00046B/1945